하나의 소리에 둘이

하나의 소리에 둘이

이든시인선 033

**나영순** 시집

| 시인의 말 |

　나는 이제 세 번째 길을 나섰다.
　섬에 달을 들이고 센 강을 건너면서 찾았던 그 길.
　떠나야 한다는 생각에 늘 길을 바라보았지만 쉬 문을 내주지 않던 날들.
　때로는 돌아서기를 여러 번, 어쩌다는 머뭇거리기를 되풀이하던 그 틈에서도 나는 땀땀이 집을 들이고 꽃을 가꾸고 새를 불렀다. 그러면서도 끝내 목이 말랐던 것은 새로운 길을 내지 못한 내 노래 때문이었다.
　순풍이 불어야 꽃씨를 내고 숲을 이루고 노래를 부를 수 있으련만, 아직도 바람은 저 돌 틈 사이에서 움직이려 하지 않았다. 여름 여치와 가을 귀뚜라미를 가득 채웠어도 끝내 들리지 않는 그 길을 찾는 노래들.
　나는 주춤주춤 여장을 꾸리기 시작했다. 봄 이슬과 여름 창과 가을 달빛을 담아내는 여정이었다. 그리고 얼마 후 소복이 쌓인 길 위의 노래들을 하나씩 하나씩 풀어보았다. 어떤 것은 파도에 잠긴 모래알 같았고, 또 어떤 것은 산등성이에 걸린 낙엽 같았고, 또 다른 것은 오선지를 타지 못한 음표 같았다.

나는 다시 그 노래들 위에 이름과 리듬과 화음을 조금씩 더해갔다. 그제야 그것들은 제 소리를 내면서 내 곁에서 꽃이 되고 숲이 되고 사랑이 되었다.

어느 날, 나는 또 길을 나설 것이다.
내게서 달이 지지 않고 강에 배가 떠다니는 한 나의 노래는 멈추지 않을 것이다.

2019년 5월 봄 곁에서
세 번째 길을 나서며
나영순

## 차례

시인의 말 ———— 4

### 1부 아침노을

| | |
|---|---|
| 가로수길 | 13 |
| 거기 섰을 때가 있다 | 14 |
| 날마다 | 16 |
| 볼우물 | 17 |
| 하나의 소리에 둘이 | 18 |
| 해바라기 마음 | 19 |
| 빈자리 | 20 |
| 할미꽃 | 21 |
| 풍선 인형 | 22 |
| 들풀 | 24 |
| 올레를 걸으며 | 25 |
| 산 오름 | 26 |
| 아침노을 | 27 |

## 2부 정오에 내리는 비

| | |
|---|---|
| 안개 낀 오후 | 31 |
| 섬 | 32 |
| 기억하고 싶을 때 | 33 |
| 저곳 | 34 |
| 바다 | 36 |
| 참외반찬 | 37 |
| 모상母象 | 38 |
| 내 품에 가을 | 40 |
| 흰 꽃 | 41 |
| 한 뼘 | 42 |
| 예감 | 44 |
| 흔적 | 45 |
| 들꽃은 | 46 |
| 정오에 내리는 비 | 47 |

## 3부 언제나 섬

빗속 이야기 ——————— 51
굴길 ——————— 52
언제나 섬 ——————— 54
우리에게도 ——————— 55
지난 이야기 ——————— 56
사람보다 둥근 달 ——————— 58
저녁 들녘 ——————— 59
안개비 ——————— 60
거실에서 ——————— 62
산사 ——————— 64
화면 ——————— 65
봄향 ——————— 66
부부거울 ——————— 67
사진 ——————— 68

## 4부 비워야 한다면

| | |
|---|---|
| 베란다 | 73 |
| 목선 | 74 |
| 온달 | 76 |
| 물안개 | 77 |
| 이동전화 | 78 |
| 아이의 꿈 | 80 |
| 이름 | 81 |
| 산채비빔 | 82 |
| 스마트폰 | 83 |
| 넝쿨 | 84 |
| 붕어빵 | 85 |
| 창 너머 | 86 |
| 비워야 한다면 | 87 |
| 비빔냉면 | 88 |

**작품해설** ▌**송기한** │ 사랑을 드러내는 원형적 사유 - 89

# 아침노을

# 가로수길

나는 거기 서 있었다
들풀 위로 자라고 있는 가지런한 길
뒤를 돌아볼 새도 없이 어느새
누군가를 맞아주는 그 기다란 눈길
선명한 발자국도
가시 같은 거추장스러운 빛들림도 없이
어제를 떠올렸던 노란 발들이
귀에 익은 문장들을 하나하나 걸러내던 그 길
나를 앞질러 간 수많은 그리움과
언젠가 밀려올 그 많은 그리움 사이에서
비스듬히 서 있던 나를 본다
봄이 뽀얗게 내려앉은 내 발끝을
푸릇푸릇

## 거기 섰을 때가 있다

거기 서야 할 때가 있다
한참, 그리고 또 한참
바람보다 더 빨리 속도를 내야 할 때
기억이 저만치서
우리를 보고 있다

코스모스 한 송이를
손에 쥐고
바스락거리는 여정의 무게를 견뎌야 한다
메마른 오후가 지나가도록

내가 내게로 돌아오는 발자국을 밟으며
강줄기를 따라 굽은 꿈을 접었듯이
아직도 내 안에 둥근 나이테를 새길 수 있을 것이라며
지치도록 달려도 더 이상 흔들리지 않을 것 같았다

하지만 세상을 매달고 있는
저 떨어지는 것들이
내게서 빠져나가는 기억들을 붙잡아주는

빛바랜 사진첩은 아니어서
내가 보일 때까지
거기 서
있어야 한다

## 날마다

시간이 접혔다 펴지는 사이
눈썹 사이의 온도차가
여우바람만큼이나 변덕스럽다

붉은 눈동자를 향해 가는
검은 발자국들
오른쪽으로 가는 포물선이 한가운데서
나른한 오후를 묻혀온다

둘둘 말린 숫자들이
굵게 혹은 가늘게 덧칠 될 때마다
하늘의 무게를 닮아
결코 무겁지 않게, 막막하지 않게
평평한 세월을 어루만져
따뜻한 하루를 살아가야 한다

우리에게 걸터앉은 삶이
새벽안개에 묶이지 않게
지나가는 바람에
흘러내리지 않게…

## 볼우물

그냥 봐도 좋아
숨기지 않으니까 더 좋아
마음이 고울 때
웃음꽃이어서 더 좋아

## 하나의 소리에 둘이

새가 나는 동안
세상은 둥글다
솔가지에 걸린 소리 하나 물고 올 때마다
푸드득 새파랗게 열리는 아침

책장처럼 가지런한 빛들이
비스듬히 흘러내리는 아침을 삼키면
벌써부터 오후 되는 소리에
바람이 하루를 밀고 간다

수북해지는 세월이 뒤척일 때마다
둘이 되는 빛과 소리들
저들은 저렇게 온밤을
물끄러미 지킬 것이다

민들레 홀씨 밤을 뒤척이며
맑은 빛 하나 나를 때까지

## 해바라기 마음

속상해서 해를 사랑한 만큼
해를 닮았구나
너도 나도 아닌 우리여서 마음마저 둥글고
세상마저 노랗게 타니
누군들 사랑하지 않으리
아무도 갖지 못한 사랑으로
그 사랑 간절했기에
누군들 안타깝지 않으리
내가 아직껏 이 밤을 지새는 것은
못내 사랑 갚지 못한
둥근 네 마음 때문이리니
네 사랑씨 하나
이 땅에 품어
철철이 가는 사랑 꼭 매어 두었다가
간절한 사람 지나가거든
우수수 떨지 말고
한참이나 머물게 해다오

# 빈자리

처음 거기에는
새끼손가락만큼의 차이만 있었다
빛을 도려낸 침묵은
여전히 모퉁이를 서성였고
낡은 세월을 이어다 놓은 바람처럼
사라진 소리들이 뒤엉켰다
내가 잠시 기댄 적 있으나
아무도 화해한 적은 없는 듯
적막이 모래알같이 어둠을 삼키고 있었다
이따금 나른해진 풀씨들이
꼼짝도 하지 않는 오후를 헤집으며
한 때의 저녁을 채우기도 했고
구름과 햇빛 사이에는
알 수 없는 눈시울도 졌었지만
여전히 발자국이 텅 빈 그곳에는
더듬거리는 달빛조차
용서할 수 없는
가을비만 덩그러니
고집을 부리고 있었다

# 할미꽃

저렇게도 꽃이 되는구나
아무렇지도 않은 듯
살 하나 벗어주고
푸르른 영혼
희끗희끗 열어두었구나
먼 산을 돌아가는 해거름이
젖은 노을에 촉촉이 접히고
누군가 흰 잎새 하나
가을바람에 불어내면
꼬부랑 세월 아무도 이길 수 없어
세상을 반쯤 굽어보아야 하는 법
감히 뜨겁게 세상을 살지 않고서야
저리도 꽃이 될 수 있을까
바람이 총총하게 닦아놓은 하늘길
가는, 저 들녘 끝에서
한번쯤 손 잡아봤을
길손이 아니었으면
저렇게 꽃이 된다한들
다 내려놓을 수 없을 테지

## 풍선 인형

바람이 몸이 되는 세상
몸에 바람만 드니 흔들리는 눈

눈까지 바람이어서 매운 걸까?

바람은 집을 비우지 않으니
흔들리지 않아도 바다를 깨우고 하늘을 울 텐데
마음부터 가로막혀 오늘도 촛불이 차갑다

세상을 비워야 제 몸으로 설까?

잠을 다 채우지 못해 울퉁불퉁한 기억이
생의 까마득한 첨탑을 돌아 푸르스름 혈관을 채우는 새벽
또 바람을 채워야 하나

세상을 흔들었어도 돌아오는 것은 바람뿐

몸은 바람이 아니어도 제 살들을 키우는데
어스름 그림자가 허공에 차지 않으니
쭈뼛쭈뼛 제 생을 터는 몸

새벽을 훔친 두려움이
하루 종일 바람으로 되살아나
흔들리는 세상

## 들풀

누군가 스스럼없이 잊혀져가는

들풀이 되어야 한다면

우리 삶이 푸르고 짙다는

그 아주 짧은 머뭇거림도 없을 것이다

## 올레를 걸으며

집을 나서니
길이 나를 따라온다
어느 날 쏟아 부은 구름처럼
뭉클한 저녁 길
고향 처마 밑을 지나는 밥 연기 같은
오래된 냄새가 배어있다
숲을 헤치며 찾아낸 처음 길도
바람을 따라 떠돌던 타향 길도
아니니
내 발길에게 물어 재촉할 필요도 없다
안개가 뭉텅 잘리고 나면
그러려니 또 마음을 내주는
어머니가 어릴 적 자식을 품은 길

길은 끝났지만
끝없이 가야할 길
시간이 벌써 멈춘 길
길을 나서니
집이 따라온다

* 올레 : 길에서 집까지 연결된 아주 좁은 골목 비슷한 길

# 산 오름

올라가려 할 때 문득
내려가지 않으려는 시샘
이른 봄을 타고 올랐는데
햇빛 따라가는 구름을 보듯
세월을 헤집은 가을이 버석거린다

팍팍하게 접힌 오름길들을 펴며
이쪽저쪽 없이 내처 달음질치려 했던
등성이마다
드문드문 내리는 비
헤픈 시간을 더듬으면서
따라온 발자국에 고이는 눈물을 턴다

## 아침노을

일찍도 타는구나
새벽에 엉킨 별들이 너에게 와
부스스 몸을 틀면
너는 또 품는구나
밤새 뜨겁게 익은 해에게 다가가며
미처 빠져나가지 못한 어둠들을 향해
그리울 때 탈거라고 말했었지
정오가 오기도 전에 너는 흔들렸지만
수평선에 걸린 너의 눈을 차마
잊을 수가 없구나
오래 기억될 네 두 눈에서
차갑기만 했던 내 젊은 날을 돌이킬 수만 있다면
그 어떤 바람에도 쉬 식지 않는
노을 꽃으로 갖고 싶다

# 정오에 내리는 비

## 안개 낀 오후

안개 낀 오후가 길다
팽팽하던 햇귀가
아침을 밀고 오는 비에 젖어 있는 동안
바람이 살찐 고양이처럼 물렁물렁해진
여름 안개를 끌어모았다
안개의 농도를 읽는 사이
건물들을 뛰어나온 앱들이
묵화처럼 찍힌 안개에 묻혀버린다
더 짙게, 더 오래
이제, 움켜쥔 기억마저 물컹거린다
꽃길을 걷다가
거센 강물을 건널 때처럼
아주 오래된 기억을 찾아가는
길마저
오후 안개에 묻혀버린다


\* 햇귀 : 사방으로 뻗치는 햇살

# 섬

끝이 없다
새벽이 닿자 어둠의 기포들이 뿔뿔이 흩어진다
눈꽃은 이미 가슴까지 내려앉고
포구를 서성이던 파도가 별마저 밀어낸다
밤새 나갔던 물때가 바람을 따라 들어오면
아주 오래전 이곳에 첫 발을 뿌린
늙은 어부가 부스스 아침을 헤치고
삶들로 허덕이는 갯벌이 소란스럽게 일어선다
등대에 걸터앉은 구름 사이로
통통통 제 살을 터는 어선들이
헐렁하게 늘어선 갈매기들을 쫓아
하나 둘 섬을 떠나면
섬은 또 말을 잃는다
달빛이 그물에 올려질 때까지…

## 기억하고 싶을 때

똑, 겨울을 베는 봄볕이
베란다 앞창에 달라붙는다
저 앞에 두고도
한 번도 제대로 가보지 못한
능선에 들어서는 새벽
어머니의 기도가
정한수에서 익어갈 때에도
새벽은 봄을 마주하고 있었다
방금 새 한 마리 푸드득
물어다 놓은 봄씨들이
아사삭 삭아가는 어머니의 무릎에도
싹을 틔웠으면
내 눈물이 저렇게 새벽을 물들이지는 않았을까
삭정이불 들이며
이팝나무 꽃쌀밥을 고봉으로 담아
아침상을 내시려던
어머니의 새벽이
눈물에 달라붙는다

## 저 곳

한 움큼 세월을 뽑아낸 자리에
작고 나지막한 새 한 마리 둥지를 튼다
초이틀 정월부터 얼핏얼핏
은꽃을 피우던 달이
한참을 기운 늦은 해거름이었다
하늘은 잿빛을 터는 겨울바람 때문에
울퉁불퉁했고
산허리를 도는 저녁 안개는
옥수수 수염처럼 부슬거렸다
밤새 기도를 모은 어머니 손목에는
이미 초승달이 얹혔고
두런두런 아침 어부의 물질도 들려왔다
까마득한 줄만 알았던 새집에는
어느새 흰 빛이 남아돌고
전봇대보다도 더 허전한 미련이
낡은 문장처럼 꼼꼼히 박혔다
가끔은 아주 가끔은 조금씩
온기가 되어
서성이는 세상을 품어주기도 했지만
끝내 빠져나가는 빛을 잡지 못하고

되돌릴 수 없는 소리더미 속에서
끊어진 옛길, 그 방황하던 끝을 더듬고 있다

## 바다

맨발로 하늘을 걷고 싶다
내 생애 처음으로 푸른 바다에 발을 담갔을 때처럼
함빡 번져갈 저 수평선에
새싹 눈 같은 파란조각들이 종알거릴 때까지

세상에서 가장
파란 눈을 가진 물씨들이
옹기종기 제 색을 옮겨 놓은 곳

하나가 부서지면
또 하나가 쌓이고
또 그렇게 여럿이 부서졌다가
하나로 품안에 들어오는 곳

겹겹이 쌓인 눈들이
하늘을 넘어,
섬을 타고,
사랑을 이는 곳

## 참외반찬

아버지는 반찬으로 참외를 찾으신다
둥글게 오려진 세월
툭, 그렇게 오랫동안 삶의 무게를 버티다가
한 입에 베어 무신 아버지의 눈에서
아침 밥상이 성글게 젖는다

어제 오늘도 아닌데
빠져나오지 못한
아버지의 참외반찬이
여름이면 노랗게
수도 없이 찾아온다

애써 외면하는 참외를
콕, 한 점 찔러주는 손

이제는 그만해도
아버지의 참외반찬이
아침 밥상에 언제나 얹힌다

## 모상 母象


젖은 눈을 치켜뜨면
어머니는 새벽이 되어 있었다
너무 닮은 탓일까
닦으면 닦을수록 눈물은 나보다도
더 빠르게
어머니를 옮겨다 놓았다
내 생에 누군가를 닮았다는 것,
그것을 인정해야 하는 것이 두렵기만 했다
어머니의 손바닥은 늘 젖어있어서
눈시울이 뜨겁기도 전에
바람을 따라온 세상살이가
절박한 인연을 더욱 꼭 쥐게 했는지도 모른다
어머니는 그 손을 한 번도 가슴에 두지 않았다
내가 지금도 손바닥을 접고 있는 것은
축축한 세상살이를 떼어내지 않는 것은
어머니가 혹시라도 슬그머니
나를 다그치려나, 해서다

새벽에 문뜩 문을 열면
어머니는 어느새 깊은 밤을 내리고

토닥토닥 아침을 깨우고 있었다

## 내 품에 가을


가을이 탄다

눈물보다 짧은 이별이

네 안에 있는 동안

저리도 맑았던 너

# 흰 꽃

누군가 또 사랑을 하나보다
가장 하고 싶은 말들을 조금씩 덜어
밤새 흩날리는 것이
세상의 그 어떤 꽃보다
아름다운 사랑의 씨앗들이
넉넉히 채워지는
이 한밤

## 한 뼘

나는 엄마다. 엄마… 다.
잿빛 시간이 빼곡한 가을바람을 타고 흐른다
오랫동안 부서졌던
모래알처럼 작은 기억들이다

감꽃이 피면 너도 에미를 알거다
연꽃이 아니었듯이
수줍었던 볼에 저녁놀이 얹힌다

눈물은 그렇게 가냘픈 혈관을 타고
무뎌져 갔다
잔 소름처럼 올라오던 기억들은
어느새 가볍지 않은 문장처럼
한밤을 서리서리 울고서야
저녁 호수를 잠재웠다

그제야 한 뼘의 엄마는
내 품에서
푸른 바람이 되었다

한 뼘의 엄마가
그렇게 되돌아오는 뜨거운 밤이었다

# 예감

내게서 너에게로 흐르지 못한 별들

몇 개나 떨어졌는지
하늘이 어둠으로 얼어붙는다

침묵의 조각들만 무수한 창
서리를 구운 입김처럼
바람에 찢긴 구름이 희미하게 어린다

이따금 가을이 찾아와
짙고 영근 별들이 빛나기도 하지만
끝내 너에게 흐르지 못한 내 마음은
구겨진 기억들을 오가며
너에게서 떨어지는 별이 되어 간다

이제라도,
너에게 별이 된다면…

# 흔적

저 숱한 허수아비들
저대로의 색깔을 가졌지만
가까이 있어도 만질 수 없는 것
입 없는 소리 때문이다

오래된 기억에 묻혀버린
내 안의 소리는
겨울을 가장한 그늘 속에서도
물이끼처럼 스스로 초록이 되지 않았다

바다가 자갈을 골라내며 갈아입었을 소리들이
해녀들의 손가락 사이에서
흩어질지라도
색다른, 전혀 알 수 없는 색깔들을
들여야 한다

## 들꽃은

이름을 부르려 해도
너에게로 다가가는 사이
여름 구름에 갇힌 햇빛처럼
까맣게 잊어버린다
누군가의 생에서 끝없이
마주쳤을 너인데
어느 깊숙한 숲속에서
외로운 산 나그네에게
한번쯤 말벗이 되었을 너인데
불러도 불러도 허구 많은 이름 중에
길 따로 사람 따로
삶의 어귀에서
들꽃이 되었구나
들리는 이름이
다 그렇다 해도
너에게로 향하는 내 마음 하나
불러주고 싶구나

## 정오에 내리는 비

오후로 가는 빗소리가 꼼꼼하다
부지런한 새벽이 깨기도 전
밤새 뒤척이던 구름이 그새부터 몸을 풀었다
무거워진 보름의 밤
달을 기억하는 바람까지 속이면서 내리는 비
더운 김을 뿜는 압력밥솥에 끼어 엉기더니
정오를 달리는 차장을 세차게 쪼아댄다
모처럼 비를 만난 아이들이
우산으로 추억을 나르는 사이
테이크아웃 커피를 든
샐러리맨의 찌푸린 눈이 빗살을 튕긴다
똑같은 비지만
정오에 내리는 비가
더 꼼꼼한 것은
하늘을 이어내는 소리를
전하기 위해서일까

그럴지도 모를 일이다

# 언제나 섬

## 빗속 이야기

어제, 그 자리
나는 또 가 보았다
내가 기댈 수 있었던 나무가 자라던 그때
우산도 없이 비를 맞고 있었던 그때
사선으로 내리던 비마저 눈물이 되었던 그때
사랑을 허락한 모든 것이
내게서 빠져나가지 않기를
시간을 떨어뜨리며 기도하던
그 자리였다
내 생애 허다한 일들이
희미한 눈 속에서, 또 다시
변명에 갇히지 않기를
나는 웅크린 채 기억하고 있었다

그 비는
우리라고 부를 그 길에서
함께 지켜져야 할 눈물이었다

## 굴길

으르렁거린다
빛을 잃은 이들의 기억
내내 따라 붙던 세상도
주춤주춤 발을 뺀다

어둠이다

한 번도 쉰 적이 없는 잠
기도 대신 잠이 먼저다
달아빠진 영상
뒤도 돌아보지 않는 LED
뒤엉킨 잠들이 차창에 선연하다

하나, 둘, 셈이 되는 언약
바람도 계산이 된다

어둠을 털어내도 빛이 무용인 눈
눈꺼풀이 삼킨 새벽을 깨워야 하는 시선도
이내 멈춰서버린 동선
지친 기억들로 밤이 차다

으르렁거리는 무지의 벽
밤새 새들을 토해냈는데도 울지 않는 무지

그 깊고 깊은 울음

# 언제나 섬

보고 싶다, 너
사랑이 서툰 나에게
언제나 세상이 되는 너
그곳에 가면
나는 벌써 섬이 된다

# 우리에게도

우리에게도 지나가는 바람처럼
돌아올 그날이 있다
슬그머니 불어가는 시간이
다 내려놓지 못한 표정들
실금이 간 기억들 사이로
부푼 구름이 끼어들 때처럼
적막했던 그 빛을 찾아나서야 한다

무심코 꺼버린 세월이
아직도 온기를 내리고 있을지는 모르지만
등불이 안쪽을 비추고 있을 때
우린 깊숙이 손을 뻗어야 한다
먼 어느 날
우리에게 깨어진 시간들을
부추기며 달래며
달려가지 않도록

## 지난 이야기

벽속에 새처럼 날지 못한 말들이
정수리까지 차오르는 것은
허공을 도려내는 침묵 때문이다

단 한 번도 새겨 듣지 않은 음률들을
창과 창 사이에 끼워둔 채
휘청거리는 능선을 따라 새파랗게
가장된 시선들이
웅크린 고양이처럼 아픔을 끼고 있다

이젠, 아니어야 한다는 바람마저
이미 버려져 싸늘해진 시간

아프게 정서된 문자들을 나열하고
기억되지도 않을 운명에 쭈뼛거려야 하나

내 안에 다시 새들을 불러
버려진 문장들을 변명해야 한다

어루만질수록 단단해지는

생의 페이지들
지켜져야 한다

## 사람보다 둥근 달

꽉 찬 달
사람보다 둥글다
네가 보고파서 아픈 나에게
사랑보다 더 큰
꽉 찬 달

# 저녁 들녘

뜨거웠던 오후를 견뎌낸 하늘이
능선을 따라 길게 눕는다
물낯을 어르던 고추잠자리가
저녁노을에 빨갛게 들뜬 때였다

허수아비 어깨를 넘어가던 세월이
힐끗 바람 터는 버들에 엉기고
여름을 타다타다 지친 밤송이들이
속을 들킨 채 엉거주춤 발을 뺀다

얼룩빼기 잰걸음에
저녁밥 연기가 들녘을 기웃대면
초저녁이 아이들의 눈에서
별들을 센다

에움길을 따라온 달이 처마 위에 걸리면
하루살이들 틈에서, 저녁 들녘은
또 하루를 머문다

\* 물낯 : 물의 표면
\* 에움길 : 반듯하지 않고 굽어 있는 길

## 안개비

밖은 저리도 사나운데
저에겐 작은 소리조차 없습니다
당신에게 서툰 저는 그리움도 눈물입니다
지금은 사랑이지만
이별도 사랑이란 걸
미처 몰랐습니다

당신이 구름 뒤에서 뜨거운 아침을 맞을 때에도
저는 바람을 따라 울었습니다
이별의 눈물과 섞여 발밑을 적실 때에도
그리운 이의 얼굴을 들창에 묶을 때에도
저는 하나였습니다

누군가의 가슴을 안고 밤을 울기도 하고
늦도록 연인들의 품에 숨어 사랑도 이야기 했습니다
그래도 저는 어딘가에서 지켜볼 당신을 기다렸습니다
여름이 익어 가을을 탈 때에도
겨울을 녹여 파닥파닥 강물에 띄울 때에도
당신을 기다렸습니다

그것이 저에게는 전부였습니다
적어도 당신에게만은

## 거실에서


멀찌감치 나를 찾아온 밤을 미뤄둔다
깊고 깊은 우물에 고이는 적막처럼 차갑게

따스함을 기대했던 내 어린 꿈이
보채는 구름을 따라가는 달처럼
산 저쪽 모퉁이를 돌아나온다
한 움큼 움켜쥔 꿈이 소담스럽다
제멋대로 구겨진 채
베란다에 이리저리 머뭇대던 내 발자국들
저렇게 소리 없이 넘어가는 해넘이를
산머리에서부터 쫓아간 적이 있던가
지나가는 저녁노을이 물끄러미 그런 나를 바라본다
어저께 같았던 그 거친 발자국들
들창을 넘나들던 빗소리를 따라
하 많은 이야기들을 들려줬지
그것이 내 소중한 꿈이었다고 느꼈던 때
가을밤은 내 볼을 타고 밤새 흘러 내렸었지
그러면 메아리 대신
오래된 소나무 하나 그리운 듯 다가왔어
귀뚜라미 소리조차 잘게 갈라지는 거실에서

겹겹이 쌓인 어둠을 조금씩 덜어
나만의 긴 시간을 쓰다듬었어

들어오지 못한 채 멈춰선 메아리와 함께

# 산사

세상의 아침이 맑은들
산사만 하랴
만세의 빛을 조은 금불의 염화가
여승에게서 합장되고
선으로 가는 혜안
법어에게서 익어간다

세상을 기웃대는 저들아
무심한 죄를 벗어라
네게서 가져가는 이 빛이
너의 업을
서쪽으로 행하리니

# 화면

저쯤에서 지켜보는 이들이 있다
골목을 빠져나오는 바람처럼
채우면 이내 비워지는 동공
허기진 그림자들이
주위를 맴돌 때마다
가시 같은 눈빛이 허공을 떠돈다
커피 얼룩 같은 이야기
단 한 번도 깊이 빠져보지 못한 채
누군가 기대 앉았을 소파 밑을 기웃대고
기어이 가을을 빠져나온 낙엽처럼
울긋불긋 시간을 덧칠하고서야
새벽이 채 오지 않은 한밤을 놓고 간다
다시,
오랫동안…

# 봄향

거친 바람과 함께 오는 것도 아닌데
늘 기다림이 앞선다
정수리를 흘러넘친 기억들이
쫓아가지 못하며 파도보다 빨리 흔들린다
황홀한 띠에 저를 숨겨
호르르 호르르 몸을 비트는 아지랑이 마냥
벌떡 일어서지 않는 머뭇거림
가을볕처럼 발가벗은 눈으로 떨어지지도
겨울언덕처럼 제 몸을 깎아 세우지도
않는 시새움 같은 것
어쩌면 수많은 빗방울들을 감추고
누군가 가슴을 한참이나 태운 뒤에야
슬그머니 한 발쯤
들여놓을지도 모른다

어느 날 나를 들뜨게 했던 그 때처럼

# 부부거울

작은 거울이 있다
한 번에 다 보이지 않으니 서로를 돌아봐야 한다
한때 뒤라도 보려면
누군가가 등 뒤에서 비춰주어야 한다
멀리 손을 뻗치면 세상은 넓으나 둘이 곱지 않으니
아웅다웅 시끄러울 수도 있겠다
너무 가까이 하면 둘은 좋아 죽겠지만
남들이 고까와 시샘을 부추기니 그도 좋지 않겠다
앞을 보는 사람은 뒤를 보려는 사람을 재촉하지 말고
뒤를 보려는 사람은 앞을 보고 있는 사람을 헐뜯지 말아야
잠시 집을 비울 때나 몸이 아플 때도
서로를 돌아볼 수 있다
다 보인다고
먼저 손을 놓으면 파경으로 치달으니
손도 눈도 마음도 간격을 맞춰야 한다
요리
조리

# 사진

누군가 나를 읽고 있다
발목부터 싱겁게 올라오는 굴절된 착시
아침과 함께 증발해버린 녹색 페이지를
삐죽이 빠져 나온 참을 수 없는 거친 문장들
그 사이에서 나는 새빨갛게 벗겨진 채
누군가에게 읽히고 있다

축축한 기억들로부터
마침표를 찍지 못한 나
물음표가 날파리처럼 달라붙는다

나는 혼자 집을 짓지 못했다
누군가 이미 내안에 들어와 집이 되어버린 사이
허공을 찢으며 빛을 부양해야 했다

나는 이미 떠나버린 자들의 이름을 하나씩 따다 붙였다
세상을 읽으려는 내 빛에 대한 반사 신경
허공을 딛다 끝내 늙어버릴 내 시선이
옹이진 이름 석 자와 함께 밋밋하게 새겨져 있었다

식어가는 가슴에 붙어 지워지지 않는 눅눅한 마침표
**빳빳**한 올챙이처럼 올라오는 물음표

움직이는 것이 도리어 슬픈 눈
기력이 다한 사진 위에서 헤진 발을 들여다본다

# 비워야한다면

# 베란다

이맘때쯤이면 꼭
봄이 또 세상을 품는다
일찍도 아침을 문 새들이
하나둘 창에 엉기고
화들짝 서투른 별들이
소슬바람에 오도독 낯들을 감출 때다
툭툭 세월을 털어
가지런히 봄볕에 널던 어머니의 손이
맑은 물처럼 눈앞을 어른거리고
미처 못 지운 기억들이
킁킁 커피 향을 쫓아 끼어든다
저만큼 줄달음치는 아이의 책가방 속에
하늘에 감춰두었던 내 꿈이 얹혀진다

한숨을 내려놓고
멈췄던 시간들을 되돌려놓으면
봄은 또 세상이 된다
이때쯤이면
꼭 내가 봄이 된다

## 목선

거기 있었다
버려진 선은 늘 그렇게 빗나가 있었다
돌아오지 않는 시계는
한때를 담보로 하는 물살처럼 아련하고
누군가 세월을 담아왔을 고무신은
속살이 허연 채 누워있다

목선이 세월을 나를 수 있을까
물이 전부였던 그날은
생명선, 그 하나였는데
과속에 얹혀진 거짓된 물살 앞에
숲은 안개처럼 바람과 나무와 새를 버리기 시작했다
물컹한 시간과 일그러진 부피
물이 전부가 아닌 세상
불신의 늪이 수없이 몸을 푼 결과다

목선마저 앱이 되고
뱃길은 이미 철없는 동영상이 된 지금
물길은 다시 선이어야 한다

사공이 피로 낸 길을 따라
발이 먼저이지 않아야 할 선
목선을 타고 온 아들들의 선
하늘이 내어준 선이어야 한다

고무신을 잃은 나루
목선을 기다리는 하얀 밤

# 온달

시간이 밤에 젖어 머뭇거릴 때
하늘이 다시 세상을 연다
너무 늦은 여름밤
처마를 흔들던 비마저
노을을 따라 산등성이를 넘어가고
넘어질 듯 허술한 가로등 하나에
날파리들이 옹기종기
생을 맡기는 몸짓들이 분주하다

꿈이 자란 능선을 따라
살이 통통하게 오른 보름달
문살을 헤집고 슬그머니 볼살을 붉히면
푹푹 찌어대던 한 여름의 어둠들이
부드럽게 돋아나던 꿈들을 풀어준다

접힌 우산처럼 웅크리고 있던
눈빛들이 여기저기서 숨을 쉰다

이미 내 마음에는 그랬지만…


* 온달 : 음력 보름의 가장 둥그런 달

# 물안개

내 마음이 저렇다
푸득푸득 날아오르는 작은 기억들
은빛 너울을 건너오다 문득
푸릇푸릇 들떠있다

네 마음을 알고도
손을 뻗지 못하는 나는
바람 노을이 구름에게 그렇듯
슬그머니 세월을 놓는다

가랑비가 물꽃을 흔들고
촘촘히 작은 기억들을 나르면
또 하나의
가냘픈 꿈들이 돌아온다

움켜쥔 오후를
잊혀져 가는 하얀 숨소리에 실어놓고
그리움의 알갱이들이 떠도는 너
못내 지우지 못한 영상들이
내 마음에 뒤엉킨다
물꽃이 내 마음이 된다

## 이동전화

먼저 마음을 주어요
그리운 사람에게 아름다웠다고 말해요
삶을 바꿔주는 이야기를 전해봐요
그것만으로도 사랑이잖아요
남겨진 말이 아름다울수록
당신의 눈이 더욱 보고플 거예요
처음에는 다 그렇다고 말해요
세월에 바랜 가을 서리처럼
하얀 세상이잖아요
마음이 손으로
손에서 사랑이
하나둘 미끄러지듯 옮겨지면
물무늬처럼 내 마음의 갈피도 퍼질 거예요
별빛이 채우는 밤의 소리들을
가만히 만져보아요
꽃잎 쓰다듬을 때 나는 향기를
고스란히 담아 봐요
가까이 없지만
사랑이라고 말할 수 있는

그런
기다림이 먼저잖아요

## 아이의 꿈

아이는 꿈꾸는 하늘이다
방금 바다를 물고나온 이슬 같은
눈에서 종이비행기를 읽고 있다
가을들녘 여치를 찾아나서는 손끝에
저녁노을이 걸리면
종이비행기를 타고
새들 위를 날아간다

파도를 넘어오는 세상이 뜰 때까지

# 이름

넌 아니야
비처럼 토담토담 두드리지 않았어
안개 낀 오후를 걸어
눈 밑에 자욱한 그리움을 보았어
사랑이 만든 첫 만남이
한숨한숨 그 푸른빛들을 키웠지
밤을 건너온 바람이 솔솔 아침을 부르면
너는 또 꽃이 되는 사이
마음껏 날아서 나에게로 왔어
불러도 불러도
마르지 않는
내 마음의 한 물결이었지
한 때를 채워도 모자라
새처럼 구름을 차고 날았어
내가 흔들릴 때마다
너에게서 쉽게 지워지지 않는 여운이
날마다
들려왔어

## 산채비빔


그대로가 향기롭다

같이 있으니 더 곱다

그래서 네가 좋다

## 스마트폰


늘 손이 간다
또 하나의 사각 세상
아버지의 기침이 떠 있던 자리
어느새 사각 세상이 빼곡히 놓여 있다
그들은 손이 전부다
탕자의 손이 되는 평평한 세상
세상은 늘 그들의 손을 빌리고
앱이 유혹의 전부지만
화려한 동영상은 불지옥보다 뜨거워
두꺼운 눈썹들을 앗아간다
돌아가려 해도 손이 너무 깊다
여전히 갈라지는 손들
평평한 세상에서 숨을 거두는 묵상
점점 틈이 되는 아버지의 자리
손만이 구름에 떠 있다

뱀처럼 휘어지는 모바일
알알이 사악해지는 터치

## 넝쿨

요리조리도 엉켰구나
하늘을 품은 너
네가 세상이 된들 저리도 얽혔으랴
길게 팔을 늘여
사람이 사랑인 너

## 붕어빵

언제나 이맘때면 그런 날이 있다

늦가을 허기진 오후
털커덕
다섯 마리 붕어가 세상의 옷을 벗었다
그들이 하필 오형제인지
그 비밀을 풀 수는 없겠지만
잘 익은 허기로 버무려진 번식
어찌나 닮았던지
오히려 눈물이 난다

그래서 붕어빵에는 붕어가 없나 보다

# 창 너머

아무도 열지 못하는 창 하나 있다
내 마음의 창
입김을 불어 아침을 열고
어둠 하나 옮겨와 뜨거웠던 하루를 닫았어도
갈피를 잡을 수 없는 길 너머 창
무수한 별들이 떨어져 박힌 건지
차마 떨어지지 못한 눈물 하나 맺힌 건지
빡빡하게 지우고 또 지워도
금세 새 한 마리 날아와
아픔 하나 묻고 간다

창 밖에서 손짓하지 않으면
아무도 열지 못하는 창 하나 있다
내 마음의 창

## 비워야 한다면


산다는 일은
덜 비우는 것이 아니라
더 비우라는 것

물방울 하나 움켜지지 못하는
나이테처럼, 갈잎처럼
세상을 내려놓으라는 것

달이 구름을 보듯
바람이 나무를 지나듯
세속에 갇힌 것은 시간이 아니라
나라는 것을,

새벽을 빠져나가지 못한 별 하나
남기고 간다

## 비빔냉면

이리저리 마음을 흔들어야 너 같구나
흔들려야 제 몸을 내는 너
휘저은 세월만큼 붙임성이 좋아지는 너는
그 철부지 눈물 하나 없어도
단 한 번 흘러넘치지 않았어도
한때를 뒤엉켜
잘 버무린 기억처럼 네게서 빛감이 된다
후루룩 쉽게 놓지 않는
네 생의 아름다움이
오랜 향처럼 배어나온다
큰 동기가 없어도 좋다
잘 빠진 비취색 마음이 아니어도 좋다
첨벙첨벙 물장구를 치지 않아도
젊음이 지워진 타향의 어느 한 편에서
지나간 바람을 되돌려
너를 찾곤한다
마음이 급해서 휘저은 만큼
어느새 나지막이 빈등을 보이는 너

작품해설

# 사랑을 드러내는 원형적 사유


**송기한**(대전대 국어국문창작학과 교수)


## 1. 갇힌 창과 섬이 놓인 자리

『하나의 소리에 둘이』는 나영순 시인의 세 번째 시집이다. 2012년 등단 이후 지금까지 세 권의 시집을 상재하게 되었으니 무척이나 부지런한 시인이다. 부지런하다는 것, 그리고 성실하다는 것은 글쓰기에 대한 정열이기도 하지만 그만큼 자아에 대한, 세상에 대한 이야기가 많은 탓이기도 할 것이다. 시인의 그러한 열정은 그의 시들을 열독하는 과정에서 확인할 수 있다. 우선 시인의 시들은 서정시임에도 불구하고 독자들이 접근하기가 쉽지 않다. 의미론적 접근을 허용하지 않는 해체주의에 미치지는 못하지만 서정시 일반이 주는 관념의 범위를 넘어서 있는 것만은 확실하다고 하겠다. 그런 어려움은 아마도 시를 구성하는 의장의 다양함에서 오는 것일진대, 실제로 시인의 시들에서는 다양한 감각과 비유들이 현란하게 펼쳐져 있다. 이런 요소들이 시의 독해를 방해하고 있는데, 그렇다고 해서 그것이 서정시의 정도를 벗어났다거나 시의 맛을 저하시키는 요인이라고는 할 수 없을 것이다.

서정시는 짧은 형식에 많은 내용을 담아내야 하는 까닭에 다양한 수사적 장치가 소용된다. 이런 장치가 빚어내는 틈새 속에서 의미를 이해하고, 그 과정을 통해 발견의 참맛을 느끼게 되는 것이 서정시의 특색이다. 이런 면에서 시인의 시들은 1930년대 김광균의 시적 작업과 매우 유사한 면을 보이고 있다. 이미지즘의 기법과 그 정신 등의 특징들이 김광균의 그것과 매우 닮아 있는 까닭이다. 나영순 시인의 시를 읽어가는 것은 쉽지 않은 일이지만, 그런 난점 속에서 체득되는 시의 의미들은 독자들로 하여금 시를 이해하는 기쁨이 무엇인지 알게 해주기도 한다.

이와 더불어 시에 대한 시인의 열정은 내용의 범주에서도 확인할 수 있다. 시인은 시어들의 다양한 변주와 비유들의 확장을 통해서 많은 이야기를 담아내고자 했다. 그런 면들은 이번 시집에서 어느 하나의 전략적 주제를 찾아내는 것을 어렵게 만든다. 실상 시인은 자신과 사회에 대해 다양한 예단을 했고, 그에 따라 시적 응전을 하면서 그 대응책을 모색하고자 했다. 이런 대응이야말로 시에 대한 열정 없이는 불가능한 일일 것이다.

자아와 세계 사이의 화해할 수 없는 불화가 서정시의 근본 요건이듯이 나영순 시인의 출발도 여기에서 시작된다. 그러한 불화와 이를 딛고 나아가고자 하는 동일성에의 열망이 곧 서정시의 특색인데, 이 시인 또한 그러한 서정시의 운명으로부터 벗어나 있지 않다. 나영순 시인이 인식한, 혹은 응시한 불화의 양상은 매우 다양한데, 그것들은 자아로부터 오기도 하고 사회에서 오기도 한다. 그러한 진단 가운데 하나가 '마음의 창'이다.

> 아무도 열지 못하는 창 하나 있다
> 내 마음의 창
> 입김을 불어 아침을 열고
> 어둠 하나 옮겨와 뜨거웠던 하루를 닫았어도
> 갈피를 잡을 수 없는 길 너머 창
> 무수한 별들이 떨어져 박힌 건지
> 차마 떨어지지 못한 눈물 하나 맺힌 건지
> 빡빡하게 지우고 또 지워도
> 금세 새 한 마리 날아와
> 아픔 하나 묻고 간다
>
> 창 밖에서 손짓하지 않으면
> 아무도 열지 못하는 창 하나 있다
> 내 마음의 창
> ―「창 너머」 전문

자아와 세계 사이에 놓인 불화란 어쩌면 서정적 자아 스스로의 문제, 곧 나의 문제로 한정되는 것인지도 모른다. 동일성을 상실한 불화 가운데 대표적인 것이 존재론적 고독에서 오는 것이기 때문이다. 그러한 고독이 자아를 사회로부터 고립

시키고, 자아를 세상과 단절케 한다. 그렇게 격리된 자아는 '관계 속의 나'가 아니라 '혼자만의 나'로 남게 된다.

「창 너머」의 자아는 고립된 자아이다. "아무도 열지 못하는 창"으로 자아는 세상으로부터 단절되어 있는 것이다. 서정적 자아는 능동적인 주체가 되어 세상의 문을 열려고 하지 않고, 세상의 신호들이 자아를 일깨워, 갇힌 문을 열어주기만 바랄 뿐이다. 여기서 창은 세상과 교통하고 동일성으로 나아가고자 하는 통로이지만 차단막 역할을 한다. 기의(의미)가 기표(문자)를 만나게 하지 못하는 차단막, 일종의 저항선 역할을 하는 것이다. 그런데 그 저항의 세기는 너무 강해서 스스로의 힘으로도 어쩌지 못할 뿐만 아니라 타인도 쉽게 접근하지 못한다. 그런 장벽이 있기에 시인은 고립되고 절망하게 된다.

>보고 싶다, 너
>사랑이 서툰 나에게
>언제나 세상이 되는 너
>그곳에 가면
>나는 벌써 섬이 된다
>―「언제나 섬」 전문

그러나 세상으로 나아가는 통로를 잃어버린 자아가 언제나 절망만 하고 있는 것은 아니다. 세상은 이런 나를 구출하려 하고 서정적 자아 또한 그곳으로 나아가고자 하는 열정을 결코 포기하지 않는 까닭이다. 그런 길항관계가 만들어낸 것이 「언제나 섬」이다. 일찍이 정현종은 "사람들 사이에 섬이 있다"고

했고, 또 "그 섬에 가고 싶다"고도 했다. 여기서 섬이 낭만적 이상이나 유토피아가 아니거니와 인간들 사이에 내재한 일종의 벽과 같은 것임은 익히 알려진 것이다. 그런 상징성은 나영순 시인에게도 별반 다를 것이 없는데, 시인 역시 섬을 일종의 거리나 단절로 사유하고 있는 까닭이다.

시인은 '마음의 창'을 초월하기 위해 이를 열어줄 '너'를 찾아 나선다. 자아는 사랑이 서툴지만 '너'는 그렇지가 않다. 그렇기에 '너'는 언제나 세상이 된다. '너'는 기의(마음의 창을 버리고자 하는 욕망)와 기표(마음의 창을 버리게 해주는 세상)를 합일케 해주는, 곧 차단막을 제거하는 힘이 된다. 그러나 세상으로 나아간 자아는 또다시 절망하게 된다. "그곳에 가면", 곧 세상과 하나가 되면, 마음의 창은 열릴 것으로 기대했지만, 결국 '섬'이 되어버린 자아를 발견하기 때문이다. 자아와 세상은 만날 듯하면서도 결코 만나지 못하는 평행선을 그릴 뿐이다. 이 긴장의 선들이 나영순 시인이 응시한 자아와 세상의 불화이다.

그러한 불화의 정서들이 세상을 불편부당하게 만든다. "세월에 바랜 가을 서리처럼/하얀 세상"(「이동전화」)처럼 흐릿하고 모호한 세상이 되게 하는 것이다. 「목선」은 그렇게 형해화한 세상의 모습을 극명하게 보여준 작품이다.

> 거기 있었다
> 버려진 선은 늘 그렇게 빗나가 있었다
> 돌아오지 않는 시계는
> 한때를 담보로 하는 물살처럼 아련하고

> 누군가 세월을 담아왔을 고무신은
> 속살이 허연 채 누워있다
>
> 목선이 세월을 나를 수 있을까
> 물이 전부였던 그날은
> 생명선, 그 하나였는데
> 과속에 얹혀진 거짓된 물살 앞에
> 숲은 안개처럼 바람과 나무와 새를 버리기 시작했다
> 물컹한 시간과 일그러진 부피
> 물이 전부가 아닌 세상
> 불신의 늪이 수없이 몸을 푼 결과다
>
> 목선마저 앱이 되고
> 뱃길은 이미 철없는 동영상이 된 지금
> 물길은 다시 선이어야 한다
> 사공이 피로 낸 길을 따라
> 발이 먼저이지 않아야 할 선
> 목선을 타고 온 아들들의 선
> 하늘이 내어준 선이어야 한다
>
> 고무신을 잃은 나루
> 목선을 기다리는 하얀 밤
>
> ―「목선」 전문

　세상이 파편화된 원인은 '빗나간 선' 혹은 '버려진 선'에 있었고, '돌아오지 않는 시계'처럼 엇나간 질서에 있었다. 뿐만 아니라 "과속에 얹혀진 거짓된 물살"도 그 주요 원인 가운데 하나이다. '닫힌 마음의 창'이라든가 사람들 사이를 가로막는

'섬'들은 이렇듯 세상을 불온하게 만든다. 그리하여 세상의 유기성이나 동일성은 상실되었다. "과속에 얹혀진 거짓된 물살"이 몰려온 이후로 "숲은 안개처럼 바람과 나무와 새를 버리기 시작했"기 때문이다. 그리고 "불신의 늪이 수없이 몸을 푼 결과"로 인해 "물이 전부가 아닌 세상"으로 또한 바뀌었다.

시인은 황폐화된 세상을 이렇듯 자아의 단절과 순리의 거역에서 찾고 있다. 소통의 부재가 만들어낸 불신의 늪이 사회를 혼돈에 빠뜨리게 하는 현실을 보면, 시인의 이러한 진단은 매우 예리한 것이라 할 수 있다. 뿐만 아니라 자연의 이법과 우주의 질서를 거슬러 올라갈 때, 문명의 어두운 그림자가 드리웠다는 사실을 이해한다면 시인의 그러한 판단 역시 전혀 틀린 것이 아니다.

## 2. 나이테의 사상과 원의 감각

자아와 세상 사이에 놓인 간극을 좁히는 것은 말처럼 쉬운 일이 아니다. 이를 유발한 원인이 분명 무엇인지 알 수 있음에도 불구하고 그 해법이 쉽게 떠오르지 않는 까닭이다. 그 난점이란 대개 인간의 숙명과 관련된 것이어서 이를 풀어나가기가 어려운 경우가 대부분이다. 그럼에도 인간은 그 간극을 좁히고 동일성을 회복하기 위한 노력을 게을리 하지 않는다. 그것이 서정시의 존재 이유이고 시인의 존재 이유이기 때문이다.

나영순 시인의 경우도 예외는 아니다. 시인은 그러한 간극을 좁히기 위하여 초기시부터 치열한 자의식을 보여왔다. 그

방향은 대개 두 가지 경로로 발전되어 왔는데, 하나가 자아의 내성에 관한 것이라면, 다른 하나는 밖으로의 투사 과정이다. 그러나 방향만 다를 뿐 이 두 정서가 지향하는 바는 동일한데, 그것은 곧 동일성에 대한 회복의 정서일 것이다. 우선 전자의 경우를 살펴보자.

> 산다는 일은
> 덜 비우는 것이 아니라
> 더 비우라는 것
>
> 물방울 하나 움켜지지 못하는
> 나이테처럼, 갈잎처럼
> 세상을 내려놓으라는 것
>
> 달이 구름을 보듯
> 바람이 나무를 지나듯
> 세속에 갇힌 것은 시간이 아니라
> 나라는 것을,
>
> 새벽을 빠져나가지 못한 별 하나
> 남기고 간다
> ―「비워야 한다면」 전문

이 시가 말해주는 일차적인 전언은 지극히 윤리적인 것이면서 상식적인 차원의 것이다. 이 시가 경계하는 것은 무엇보다 인간의 욕망이다. 근대 이후 영원을 상실한 인간이 할 수 있는 일이란 욕망하는 일뿐이다. 그것은 매우 당연한 인간의 본연의 모습이다. 그러나 그런 당위성이 역설적으로 인간을 병들게 하고 사회를 훼손케 한 주된 요인이 되었다. 인간은 욕망의 노예가 됨으로써 자아를 세상으로부터 떼어내어 스스로를 고립되게끔 만들었기 때문이다.

이런 메커니즘은 매우 뻔한 사실이고 정언명령적인 명제에 지나지 않는다. 그러니 "산다는 일은/덜 비우는 것이 아니라/더 비우라는 것"이라는 담론은 교과서적인 말이고, 누구나 쉽게 언급할 수 있는 담론이다. "세속에 갇힌 것은 시간이 아니라/나라는 것을"이라는 것도 마찬가지의 경우이다. 시인은 아주 상식적인 차원에서 인간이 범할 수 있는 윤리적 일탈에 대해 경고하고 있는 것이다. 그리고 그러한 도정만이 자아와 세계 사이에 놓인 간극을 좁힐 수가 있다고 본다.

그러나 「비워야 한다면」은 이런 평범성에서 그치지 않는다. 이 작품을 한 단계 높은 차원으로 올려놓은 것은 바로 비유의 의장이다. 나영순의 시들은 서정시로서 결코 평범하지 않다고 했다. 현란한 비유들이 서정의 폭을 넓혀나가면서 새로운 음역을 만들어나가고 있기 때문이다. 「비워야 한다면」은 그 일단을 보여주는 가편인데, 그 사유의 단초가 바로 나이테의 사상이다. 시인은 나이테가 둥근 까닭에 "물방울 하나 움켜지지 못한다"고 했고, 그렇기에 자아는 그런 감각을 충실히 받아들여야 한다고 했다. 일종의 윤리적 충고이다. 자신이 지향하는 의식을 이렇게 적절한 객관적 상관물로 대치하는 것이 쉽지 않은 일이거니와 이 의장이 신선하다면 시는 더욱 세련될 것이다. 이 시에서 이런 면을 발견하는 것은 매우 반가운 일이다.

  나이테의 발견과 욕망에 물든 자아를 향한 윤리적 경고는 매우 독특하다. 나이테는 원의 상징으로 구현되는 까닭이다. 둥글기에 모나지 않고, 또 그러하기에 그 어떤 무엇의 흔적도 간직할 수가 없다. 실상 이번 시집이 발견한 가장 중요한 전략적 이미지가 이 나이테의 사상이다. 이 원의 이미지는 이전 시집에서 한 단계 나아간 새로운 인식소이다.

> 속상해서 해를 사랑한 만큼
> 해를 닮았구나
> 너도 나도 아닌 우리여서 마음마저 둥글고
> 세상마저 노랗게 타니
> 누군들 사랑하지 않으리
> 아무도 갖지 못한 사랑으로
> 그 사랑 간절했기에
> 누군들 안타깝지 않으리
> 내가 아직껏 이 밤을 지새는 것은
> 못내 사랑 갚지 못한
> 둥근 네 마음 때문이리니
> 네 사랑씨 하나
> 이 땅에 품어
> 철철이 가는 사랑 꼭 매어 두었다가
> 간절한 사람 지나가거든
> 우수수 떨지 말고
> 한참이나 머물게 해다오
>                   —「해바라기 마음」 전문

「해바라기 마음」 역시 「비워야 한다면」의 연장선에 놓인 작품이다. 해바라기란 우리가 일상에서 쉽게 볼 수 있는 가장 대표적인 원의 상징이다. 이 원이란 흔히 영원의 상징으로 받아들여진다. 불교의 시간이 원이고 자연 또한 원의 상징으로 받아들여진다. 그리고 그것은 순환과 반복이기에 일시적인 감각이 아니라 영원의 정서로 감각된다.

근대를 살아가는 인간이 영원으로부터 분리되어 있다는 것은 잘 알려진 일이다. 근대의 합리적 사유는 인간을 중세의 영원으로부터 떨어져나오게 했고, 그 결과 인간은 자율을 얻게 되지만, 자신을 포근히 감싸 안았던 영원을 잃게 되었다. 나영순의 시에서 시간에 대한 이런 역사철학적인 감각은 감취되지 않지만, 그렇다고 이로부터 완전히 분리되어 있는 것도 아니다. 인간은 영원의 상실과 더불어 그 숙명적 한계인 욕망의 세계로부터 자유롭지 않음을 이해하고 있기 때문이다.

「해바라기 마음」은 인간이 가질 수밖에 없는 욕망의 부정적 정서를 다루고 있다. 타인을 사랑할 줄 아는, 이타성의 존재가 되기 위해서는 욕망으로부터 벗어나는 것이 선결 과제이다. 그것의 노예가 되어서는 모진 정서의 소유자가 되어야 하고, 그것이 우리의 관계를 파탄에 이르게 하기 때문이다. 그것을 치유하는 것이 둥근 마음, 곧 모나지 않은 마음이 아닐까.

    오후로 가는 빗소리가 꼼꼼하다
    부지런한 새벽이 깨기도 전
    밤새 뒤척이던 구름이 그새부터 몸을 풀었다
    무거워진 보름의 밤

달을 기억하는 바람까지 속이면서 내리는 비
더운 김을 뿜는 압력밥솥에 끼어 엉기더니
정오를 달리는 차장을 세차게 쪼아댄다
모처럼 비를 만난 아이들이
우산으로 추억을 나르는 사이
테이크아웃 커피를 든
샐러리맨의 찌푸린 눈이 빗살을 튕긴다
똑같은 비지만
정오에 내리는 비가
더 꼼꼼한 것은
하늘을 이어내는 소리를
전하기 위해서일까

그럴지도 모를 일이다
―「정오에 내리는 비」 전문

 자아와 세계 사이에 놓인 거리와, 이를 초월하고자 하는 동일성에 대한 시인의 열망은 매우 가열차다. 시인은 그 열정을 '빛'(「우리에게도」)으로 이상화한 다음, 불을 향해 돌진해나가는 부나비처럼 적극적으로 행동한다. 이는 열정이 없으면 불가능하거니와 그런 사유의 끝이 만들어낸 시가 「정오에 내리는 비」이다. 이 작품은 평범한 듯하면서도 그렇지 않은 시이며, 사유의 끝이 매우 얕은 듯하면서도 그렇지가 않은 경우이다.
 이 작품에서 보듯 둥근 원에 대한 시인의 갈망은 가장 일상적인 비를 통해서도 강렬하게 드러난다. 비란 평범한 일상이지만 시인에게는 전혀 그렇지가 않다. 시인이 응시한 비는 특별하게도 정오에 내린다. 정오에 내리는 비가 왜 특별한가. 그것은 비가 정오에 내리기 때문에 그러하다는 것인데, 익히 알려진 대로 정오란 오전과 오후를 나누는 경계이다. 경계란 분절이며, 이를 만든 것은 인간이다. 인위적인 조작에 의해서 말이다. 시간이란 애초에 신의 것이었다. 그렇기에 그것은 신의 위치에 있었던 것이고 결코 인간의 것이 아니었다. 그러나 시간 역시 영원의 상실과 더불어 인간화되기 시작했다. 시간이 이자율과 같은 자본과 결부되면서 세속화의 길을 걷게 된 것이다. 시간은 본래 연속적인 감각으로 받아들였지만 인간의 욕망이 개입됨으로써 분절되고 궁극에는 연속성의 감각은 사라지게 되었다.

시인이 응시한 것은 바로 그러한 시간성이다. 인간의 욕망이 개입됨으로써 시간의 연속성, 혹은 영원성은 상실되어버렸다. 즉 원의 상징성이 사라지게 된 것이다. 시인이 정오에 내리는 비가 반가운 것은 그것이 그러한 단절을 메워줄 수 있다고 믿은 까닭이다. 따라서 그것이야말로 하늘을 이어내는 소리이면서 시간의 궁극성, 곧 원이 갖는 구경적 의미를 회복시켜주는 신성한 일이라고 믿은 것이다.

### 3. 사랑의 정서와 우리라는 동일성

나이테에 대한 사상과 원의 세계에 대한 그리움이 이번 시집 『하나의 소리에 둘이』에서 처음 등장한 것은 아니다. 나영순은 이미 두 번째 시집 『꽃을 만진 뒤부터』에서 이런 사유를 드러낸 바 있다. 그것이 자연에 대한 새로운 감각이다. 자연은 우리가 가장 쉽게 만나고 감각할 수 있는 원의 질서이다. 자연은 아침과 점심, 밤으로 구성되고 보다 넓게는 봄, 여름, 가을, 겨울과 같은 순환의 구조로 이루어져 있다. 그런 특성 때문에 그것은 우주의 이법이나 질서로 사유되고, 모성의 근원으로 인식된다. 물론 그러한 사유를 가능케 한 것이 바로 원의 질서이다.

    이맘때쯤이면 꼭
    봄이 또 세상을 품는다
    일찍도 아침을 문 새들이
    하나둘 창에 엉기고
    화들짝 서투른 별들이
    소슬바람에 오도독 낯들을 감출 때다
    툭툭 세월을 털어
    가지런히 봄볕에 널던 어머니의 손이
    맑은 물처럼 눈앞을 어른거리고
    미처 못 지운 기억들이
    쿵쿵 커피 향을 쫓아 끼어든다
    저만큼 줄달음치는 아이의 책가방 속에
    하늘에 감춰두었던 내 꿈이 얹혀진다

    한숨을 내려놓고
    멈췄던 시간들을 되돌려놓으면
    봄은 또 세상이 된다
    이때쯤이면

꼭 내가 봄이 된다
　　　　　　　　　―「베란다」전문

　「베란다」는 시간의 순차적 질서들이 현란한 이미지에 의해 아름답게 펼쳐진 시이다. "아침이 되면/화들짝 서투른 별들이/소슬바람에 오도독 낯들을 감출 때"라는 구절은 시의 아름다운 숲으로 우리를 매혹시킨다. 그만큼 시인이 구사하는 비유법은 이채롭다. 이 작품을 이끌어가는 힘은 시간의 질서 혹은 자연의 섭리이다. 자연의 질서 속에서 자아와 세계의 불화는 소멸하고 서정적 자아의 아름다운 꿈들은 영글어간다.

　자연은 이렇듯 원의 상징으로 구현되는데, 시인의 작품에서 이는 나이테의 사유를 확장시켜주는 형이상학적인 매개가 된다. 시인이 자연과 그것이 포회하는 의미에 끊임없이 매달린 것은 여기에 그 원인이 있다. 그 천착이 나이테의 발견이다.

　원만함이란 모나지 않은 정서이다. 시인은 그러한 정서를 자기화하려고 끊임없는 열정을 표명해왔다. 자신 속에 내재한 '마음의 창'이나 '섬'들은 그러한 정서로 나아가는 장애 요소들이다. 시인은 이를 각진 정서 혹은 모난 정서로 인식했거니와 이를 딛고 나아가는 매개가 원의 의미, 곧 원만함의 정서임을 알게 되었다. 이런 깨달음 속에서 존재의 의미를 이해했고, 그 원을 향한 가열찬 정서를 표명하게 되었던 것이다.

　　　먼저 마음을 주어요
　　　그리운 사람에게 아름다웠다고 말해요
　　　삶을 바꿔주는 이야기를 전해봐요
　　　그것만으로도 사랑이잖아요

남겨진 말이 아름다울수록
당신의 눈이 더욱 보고플 거예요
처음에는 다 그렇다고 말해요
세월에 바랜 가을 서리처럼
하얀 세상이잖아요
마음이 손으로
손에서 사랑이
하나둘 미끄러지듯 옮겨지면
물무늬처럼 내 마음의 갈피도 퍼질 거예요
별빛이 채우는 밤의 소리들을
가만히 만져보아요
꽃잎 쓰다듬을 때 나는 향기를
고스란히 담아 봐요
가까이 없지만
사랑이라고 말할 수 있는
그런
기다림이 먼저잖아요
―「이동전화」 전문

 시인은 현대 사회가 앓고 있는 병적인 정서가 무엇인지에 대해 어렴풋이나마 이해하고 있었다. 그 정서들을 유발하는 저변에 욕망이 팽창하고 있음을 알았고, 그것이 사람들 사이에 섬을 만들고 있음도 알았다. 그것이 원인이 되어 "숲은 안개처럼 바람과 나무와 새를 버리기 시작했"고, "불신의 늪이 수없이 몸을 푼 결과" "물이 전부가 아닌 세상"(「목선」)으로 바뀌었다. 곧 하나의 원형질이 고스란히 보존되지 않는, 혼탁한 사회와 불신이라는 어두운 그림자가 이 사회를 덮고 있었던 것이다. 「이동전화」에서 보는 것처럼, 사랑이 없는 각박한 세상으로 변질되어 버린 것이다.

  실상 세상과 소통하지 못하는 '마음의 창'을 갖고 있는 주체가 남을 포용하는 정서를 갖는 것은 불가능한 일이다. 게다가 타자로 향하는 길목을 가로막고 있는 섬이 있는 존재 역시 타자를 포회할 수는 없을 것이다. 마음의 창을 연 사람만이, 소통을 가로막는 섬이 없는 자만이 타인을 이해하고 포용할 수 있을 것이다. 시인은 그러한 정서를 사랑에서 찾고 있는 듯하다. 사랑은 고립된 정서를 소유한 자나 사회로부터 분리된 자는 결코 가질 수 없는 이타적인 정서이다. 그렇기에 자기고립주의에 빠진 자아는 결코 이 정서를 포지할 수가 없다고 본다.

  시인은 이 시대를 불온하게 만든 정서가 무엇인지 어느 정도 이해한 터이다. 그리고 그 부정의 정서들에 대해서 깊은 성찰의 과정을 거쳤고 이를 통해 원이라는 아름다운 상징, 객관적 상관물을 발견한 터이다. 그렇기에 시인은 이제 타인을 포회하는 사랑을 말할 수가 있는 단계에 이르렀다고 판단했다. 사랑은 나와 타자를 매개하는 교량이다. 그것은 혼자만의 고립된 정서나 섬으로는 결코 얻어질 수가 없는 정서이다. 또한 굴곡진 곳을 어루만져서 마음의 창을 열어주기도 한다. "마음이 손으로/손에서 사랑이/하나둘 미끄러지듯 옮겨지면" "물무늬처럼 내 마음의 갈피도 퍼질 거예요"라는 것도 결국은 사랑이 있기에 가능한 사유였다. 그것이 온전히 자리한다면, 내 마음의 갈피만 퍼지는 것이 아니라 타인의 마음 또한 그렇게 되지 않겠는가.

넌 아니야
　　비처럼 토담토담 두드리지 않았어
　　안개 낀 오후를 걸어
　　눈 밑에 자욱한 그리움을 보았어
　　사랑이 만든 첫 만남이
　　한숨한숨 그 푸른빛들을 키웠지
　　밤을 건너온 바람이 솔솔 아침을 부르면
　　너는 또 꽃이 되는 사이
　　마음껏 날아서 나에게로 왔어
　　불러도 불러도
　　마르지 않는
　　내 마음의 한 물결이었지
　　한 때를 채워도 모자라
　　새처럼 구름을 차고 날았어
　　내가 흔들릴 때마다
　　너에게서 쉽게 지워지지 않는 여운이
　　날마다
　　들려왔어

　　　　　　　　　　　　─「이름」 전문

　이름은 존재를 규정하는 가장 기본적인 수단 가운데 하나이다. 그리고 그것은 타인과의 관계 속에서만 의미를 만들어낸다. 이름은 있으나 타인이 불러주지 않는다면, 그것은 결코 온전한 이름, 곧 존재를 규정할 수 없을 것이다. 따라서 이름 속에는 너와 나의 관계가 형성된다. 이름이 갖는 이런 관계를 처음으로 간파한 시인은 익히 알려진 대로 김춘수이다. 그는 「꽃」이라는 시에서 "내가 비로소 이름을 불러줄 때/너는 꽃이 된다고 했"다. 만약 불러주지 않는다면 '너'는 미정형의 상태에 놓이게 되므로, 존재가 되기 위해서는 명명의 과정이 필요하다고 본 것이다. 따라서 '꽃'이 되기 위해서는 '너'의 부름이 중요하고 그럴 경우에만 하나의 완전한 자율적 존재로 거듭 태어나게 된다.

이런 메커니즘은 「이름」에도 동일하게 적용할 수 있을 것이다. 서정적 자아와 너의 관계는 여기서 사랑에 의해서 형성된다. 사랑으로 인해 "너와 나는 한솜한솜 그 푸른빛들을 키울" 수가 있었고, 너는 '꽃'이 될 수 있었고, 내 마음의 '물결'도 일어날 수 있는 까닭이다. 김춘수가 '꽃'이라는 명명을 통해서 존재가 형성되었다면, 나영순은 '사랑'에 의해 존재가 형성된다. 따라서 '사랑'은 김춘수의 '명명'과 등가관계에 놓인다고 할 수 있다.

나영순 시인의 경우, 자아를 성찰하는데 나이테의 심상이 놓여 있었다면, 타인과의 관계 속에는 사랑의 정서가 놓여 있었다. 그러나 이 두 가지 사유는 둘인 듯하면서 결국에는 하나의 관념으로 수렴된다. 모두가 원의 의미를 내포하고 있기에 그러한데, 가령 무엇을 움켜쥐지 못하는 것이 나이테의 본질인 원이거니와 사랑 또한 타인과의 원만한 관계 속에서만 형성될 수 있기 때문이다. 이런 관계망이 만들어낸 것이 시인의 또 다른 정서, 곧 '우리'이다. 이 정서가 이번 시집의 전략적 주제라고 해도 과언이 아닐 만큼 시집의 많은 부분을 차지한다.

맨발로 하늘을 걷고 싶다
내 생애 처음으로 푸른 바다에 발을 담갔을 때처럼

함빡 번져갈 저 수평선에
새싹 눈 같은 파란조각들이 종알거릴 때까지

세상에서 가장
파란 눈을 가진 물씨들이
옹기종기 제 색을 옮겨 놓은 곳

하나가 부서지면
또 하나가 쌓이고
또 그렇게 여럿이 부서졌다가
하나로 품안에 들어오는 곳

겹겹이 쌓인 눈들이
하늘을 넘어,
섬을 타고,
사랑을 이는 곳

―「바다」전문

  이 작품이 갖는 함의는 무수히 많지만 무엇보다 주목되는 것이 '바다'의 의미이다. '바다'는 "하나가 부서지면/또 하나가 쌓이고/또 그렇게 여럿이 부서졌다가/하나로 품안에 들어오는 곳"이다. 바다는 부서진 것들을 궁극에는 다시 하나로 만드는 마법의 소유자 구실을 한다. 그 마법에 의해 만들어진 하나의 궁극적 실체는 독립된 '개체'가 아니라 '우리'라는 점에서 주목을 요한다. 여러 자율적 주체들이 바다라는 거대한 하나로 수렴되고 있는데, 이 하나가 곧 우리라는 사유이기 때문이다.
  사랑은 이렇듯 나 혼자만의 독립된 개체가 아니라 우리라는 관계 속에서 형성된다. '혼자'가 모난 모습이라면, '우리'는 원만한 모습이다. 따라서 그 둘은 분명한 대조를 이루고 있다. 그렇기에 우리는 또 다른 원의 의미를 갖는다고 할 수 있을 것이다. 우리란 나와 너가 만들어낸 것, 곧 내가 너가 되고 또 너가 내가 되는 순환의 관계로 형성되기 때문이다. 시인의 시들은 고유한 개체들이 모여서 우리라는 관계로 나아갈 때, 한 단계 진전되고 성숙한다. 그것은 내성에서부터 시작되어 사랑이라는 관념을 넘는 자리에 위치하기에 그러하다. 그 위치가 실제의 우리들의 모습, 곧 지금 여기의 삶의 모습들이라는 점에서 더욱 설득력이 있는 경우이다.

새가 나는 동안
세상은 둥글다
솔가지에 걸린 소리 하나 물고 올 때마다
푸드득 새파랗게 열리는 아침

책장처럼 가지런한 빛들이
비스듬히 흘러내리는 아침을 삼키면
벌써부터 오후 되는 소리에
바람이 하루를 밀고 간다

수북해지는 세월이 뒤척일 때마다
둘이 되는 빛과 소리들
저들은 저렇게 온밤을
물끄러미 지킬 것이다

민들레 홀씨 밤을 뒤척이며

맑은 빛 하나 나를 때까지
　　―「하나의 소리에 둘이」 전문

　아름다운 조화는 관계 속에서 형성된다. 만약 그것이 진정성이 있는 것이라면 더욱 그러할 것이다. 시인은 그런 조화의 감각을 뒤섞임이라든가 대칭의 관계에서 사유하고 있는 듯하다. 가령, 적절한 관계와 비율을 강조한 「부부거울」이 그러하고, 이질적인 것들의 조화 속에 새로운 맛이 탄생하는 「비빔냉면」이라든가 「산채 비빔」이 그러하다. 이런 면에서 시인의 시들은 매우 변증적이다. 정과 반이 만들어내는 갈등과 조화 속에서 새로운 비전이 탄생하는 변증법의 논리를 시인은 충실히 받아들이고 있기 때문이다.
　「하나의 소리에 둘이」 또한 이런 변증적 관계를 매우 유효적절하게 이용하고 있다. 시인이 고대하는 아침은 어느 하나의 요소만으로 오지 않는다. 설사 온다고 해도 그것은 불완전할 뿐이다. 빛과 소리라는 두 가지 조화가 갖추어져야만 "온 밤이 경과"할 수 있고 "새파랗게 열리는 아침"이 열릴 수 있다고 보기 때문이다. 그리고 그런 아침이어야 비로소 시인이 고대하는 희망의 아침 역시 되리라고 판단하고 있는 것이다.
　시인은 이번 시집에서 언어의 다양한 변주를 통해서 서정시가 나가야할 모습이 어떤 것인지를 극명하게 보여주었다. 현란한 이미지와 거기서 뿜어져 나오는 의미의 묶음들이 여러 갈래로 뻗어 나오면서 시의 음역을 한층 넓혀주었다. 이전의 시집들이 보여주었던 관념의 한계를 뛰어 넘으면서 새로운 진정성을 확보했다. 그것이 '우리'라는 공동체의 발견이었다. 그것은 자아성찰과 사랑의 관념을 딛고 올라선, 시인이 탐색해낸 진정성 있는 현실이었고, 또 서정의 높은 봉우리였다. 그 위에서 시인의 서정을 되돌아보는 일은 시를 읽는 기쁨이 무엇인지 우리에게 말해준다. 시인의 작품들은 이제 한 단계 더 앞으로 나가고 있다. 그 과정에서 시인의 언어들은 색채를 달리하면서 우리에게 서정의 아름다운 장들을 펼쳐 보일 것이다.

이든시인선 033
하나의 소리에 둘이
ⓒ나영순, 2019

1판 1쇄 | 2019년 05월 30일

**지은이**   나영순
**발행인**   이영옥
**편집**     김원선

**펴낸곳**    이든북
**출판등록** 제2001-000003호
**주소**     34625 대전광역시 동구 태전로 43-1 (의지빌딩 201호)
**전화번호** (042)222-2536 | **팩스** (042)222-2530
**전자우편** eden-book@daum.net

ISBN 979-11-90022-75-0
값 10,000원

* 이 책의 판권은 지은이와 이든북에 있습니다.
* 이 책 내용의 전부 또는 일부를 재사용하려면 반드시 양측에 서면 동의를 받아야 합니다.

* 이 사업은 ✦대전광역시, 대전문화재단 에서 사업비 일부를 지원 받았습니다.

이 도서의 국립중앙도서관 출판예정도서목록(CIP)은 서지정보유통지원시스템 홈페이지(http://seoji.nl.go.kr)와 국가자료종합목록 구축시스템(http://kolis-net.nl.go.kr)에서 이용하실 수 있습니다. (CIP제어번호 : CIP2019020169)